Mi vida con Síndrome de Down

escrito por **Mari Schuh** • arte por **Isabel Muñoz**

AMICUS ILLUSTRATED y AMICUS INK
publicaciones de Amicus
P.O. Box 1329, Mankato, MN 56002
www.amicuspublishing.us

Edición: Gillia Olson
Diseño: Kathleen Petelinsek

Library of Congress Cataloging-in-Publication Data

Names: Schuh, Mari C., 1975- author. | Muñoz, Isabel, illustrator.
Title: Mi vida con síndrome de down / by Mari Schuh ; illustrated by Isabel Muñoz.
Other titles: My life with Down syndrome. Spanish
Description: Mankato, Minnesota : Amicus Illustrated, [2021] | Series: Mi vida con... | Audience: Ages 6-9 | Audience: Grades 2-3 | Summary: "North American Spanish translation of My Life with Down Syndrome. Meet Peter! He loves the drums and gym class. He also has Down Syndrome. Peter is real and so are his experiences. Learn about his life in this illustrated narrative nonfiction picture book for elementary students"-- Provided by publisher.
Identifiers: LCCN 2019050243 (print) | LCCN 2019050244 (ebook) | ISBN 9781645492047 (library binding) | ISBN 9781681527338 (paperback) | ISBN 9781645492306 (pdf)
Subjects: LCSH: Children with Down syndrome--United States--Biography--Juvenile literature. | Down syndrome--Juvenile literature.
Classification: LCC HV897.W6 S3818 2021 (print) | LCC HV897.W6 (ebook) | DDC 616.85/88420092 [B]--dc23
LC record available at https://lccn.loc.gov/2019050243
LC ebook record available at https://lccn.loc.gov/2019050244

Impreso en Estados Unidos de América

Para Peter, Greta y Kellen–MS

Acerca de la autora
El amor que Mari Schuh tiene por la lectura comenzó con cajas de cereales en la mesa de la cocina. Hoy en día es autora de cientos de libros de no ficción para lectores principiantes. Con cada libro, Mari espera ayudar a los niños a aprender un poco más sobre el mundo que los rodea. Obtén más información sobre ella en www.marischuh.com..

Acerca de la ilustradora
El sueño de Isabel Muñoz era poder ganarse la vida pintando, y ahora la enorgullece ser la ilustradora de varios libros infantiles. Isabel trabaja en un estudio ubicado en un encantador pueblito nuboso, con mucho verde, del norte de España. Puedes seguirla en isabelmg.com..

¡Hola! Me llamo Peter. ¡Me encanta la música! Toco la batería. Bom, bom, bom. Sé tocar desde que era muy pequeño. También tengo síndrome de Down. No pasa nada. Todos somos diferentes de alguna manera. Déjame contarte sobre mi vida.

Los niños que tienen síndrome de Down nacen así. Tenemos un cromosoma extra. Afecta la manera en que aprendemos y cómo nos parecemos. Tengo ojos rasgados y un poco pequeños. Tengo orejas pequeñas. A veces tengo la lengua hacia afuera. Mi cara y mi nariz pueden verse más planas que las tuyas.

El síndrome de Down generalmente causa problemas de salud. Los tubos que se encuentran dentro de nuestras orejas pueden ser estrechos. Los gérmenes pueden quedar atrapados y causar muchas infecciones de oído. Tampoco vemos tan bien como otros niños. Mi amiga Zoe tiene que usar lentes.

Aproximadamente la mitad de los niños con síndrome de Down tienen problemas cardíacos. Tuve una cirugía de corazón cuando era más pequeño. Ahora mi salud está bastante bien.

Voy a la misma escuela que mis hermanos
y hermanas. Me gusta la rutina de mis días
escolares. Sé lo que hacer. Siempre me siento
en el mismo asiento en el autobús escolar.
¡Eso es mi lugar!

Puedo enojarme cuando de repente tengo que cambiar lo que estoy haciendo. Nunca quiero que termine la clase de gimnasia. ¡Quiero seguir jugando! Una ayudante de la maestra está conmigo todo el día. Ella me calma. Ella me recuerda que es hora de ir a mi próxima clase.

Puedo hacer muchas cosas, pero aprendo más lentamente que otros niños. Mi clase es pequeña. Aprendo mejor de esa manera. Hoy, una ayudante de la maestra trabaja conmigo para que aprenda los colores, las formas y las letras.

Me uno a otras clases de banda, gimnasia y arte. También me uno a ellos para la hora del cuento y los bocadillos. ¡A veces tenemos fiestas de baile!

En la escuela, hago nuevos amigos todo el tiempo.

Pero la hora del almuerzo puede ser difícil. A veces no me gusta la comida de la escuela. Me molesto. Una ayudante de la maestra me dice que todo está bien. Ella me ayuda a sentirme mejor.

Cuando llego a casa de la escuela, mi perro Sheldon me está esperando. Es uno de mis mejores amigos. Nos acurrucamos. También jugamos a lanzar y buscar la pelota.

Algunos niños con síndrome de Down tienen músculos débiles. Yo no. Soy fuerte y tengo mucha energía. Me gusta escalar y jugar.

Uf, hace mucho calor afuera hoy. Quizás no debería haber jugado tanto. Me acaloro fácilmente. A veces lo olvido.

Cuando no estoy jugando o corriendo, me encanta escuchar música. Escucho canciones en mi tablet. No necesito ayuda. Sé cómo encontrar mis canciones favoritas.

Ahora quiero tocar mi batería. Cuando sea mayor, quiero estar en la banda de la escuela. Me podría tomar más tiempo aprender. Pero no dejaré que eso me detenga.

Conoce a Peter

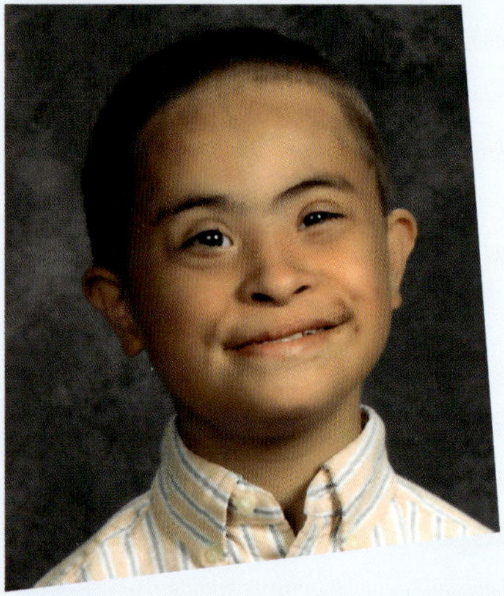

¡Hola! Me llamo Peter. Tengo una gran familia. Vivo con mi mamá, mi papá, tres hermanos y cuatro hermanas. Soy adoptado. Mis cuatro hermanas y uno de mis hermanos también son adoptados. ¡Pero eso no es todo! Tenemos tres perros y un gato. Todos vivimos en La Crosse, Wisconsin. Me gusta columpiarme, andar en scooter, nadar y comer. También me encanta escuchar música y hacer mi propia música, especialmente con la batería.

Respeto por las personas con síndrome de Down

Al tratar a una persona con síndrome de Down hazlo como lo harías con cualquier otra persona. Sé amigable, respetuoso y amable.

No te quedes mirando a los niños con síndrome de Down. Eso es de mala educación.

Puedes esperar que los niños con síndrome de Down sigan las reglas, como todos los demás.

Juega y sé amigo de niños con síndrome de Down, como lo harías con cualquier niño.

No hay dos personas en el mundo que sean iguales. Todas las personas tienen cosas que les gustan y que no les gustan. Esto también se aplica a las personas con síndrome de Down.

Cuando conozcas a alguien con síndrome de Down, saluda y pregúntale cómo se llama. Podrías hacer un nuevo amigo.

Términos útiles

cromosoma Una parte muy pequeña de una célula que contiene genes. Los genes controlan la manera en que las personas se parecen y crecen. Los genes pasan de padres a hijos. Las personas con síndrome de Down tienen 47 cromosomas en lugar de 46.

infección en el oído Es una enfermedad en el oído causada por gérmenes o virus. Las infecciones en el oído pueden causar dolor y fiebre.

energía La capacidad de hacer cosas sin cansarse.

favorito Algo que a una persona le gusta más que otras cosas.

rutina Una forma o patrón regular de hacer las cosas.

cirugía Una operación que repara una parte del cuerpo.